QUE DU *BORDELAIS*

DICTIONNAIRE
DES
COURSES

PAR
CHARLES DE LORBAC
rédacteur en chef du *Bordelais*,

Membre de la Société d'Agriculture de la Gironde.

BORDEAUX
Chez les principaux Libraires.
1869

DICTIONNAIRE
DES COURSES

BIBLIOTHÈQUE DU *BORDELAIS*

DICTIONNAIRE
DES
COURSES

PAR

CHARLES DE LORBAC

Rédacteur en chef du *Bordelais*,

Membre de la Société d'Agriculture de la Gironde.

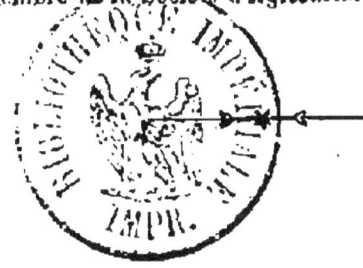

BORDEAUX
Chez tous les principaux Libraires.

1860

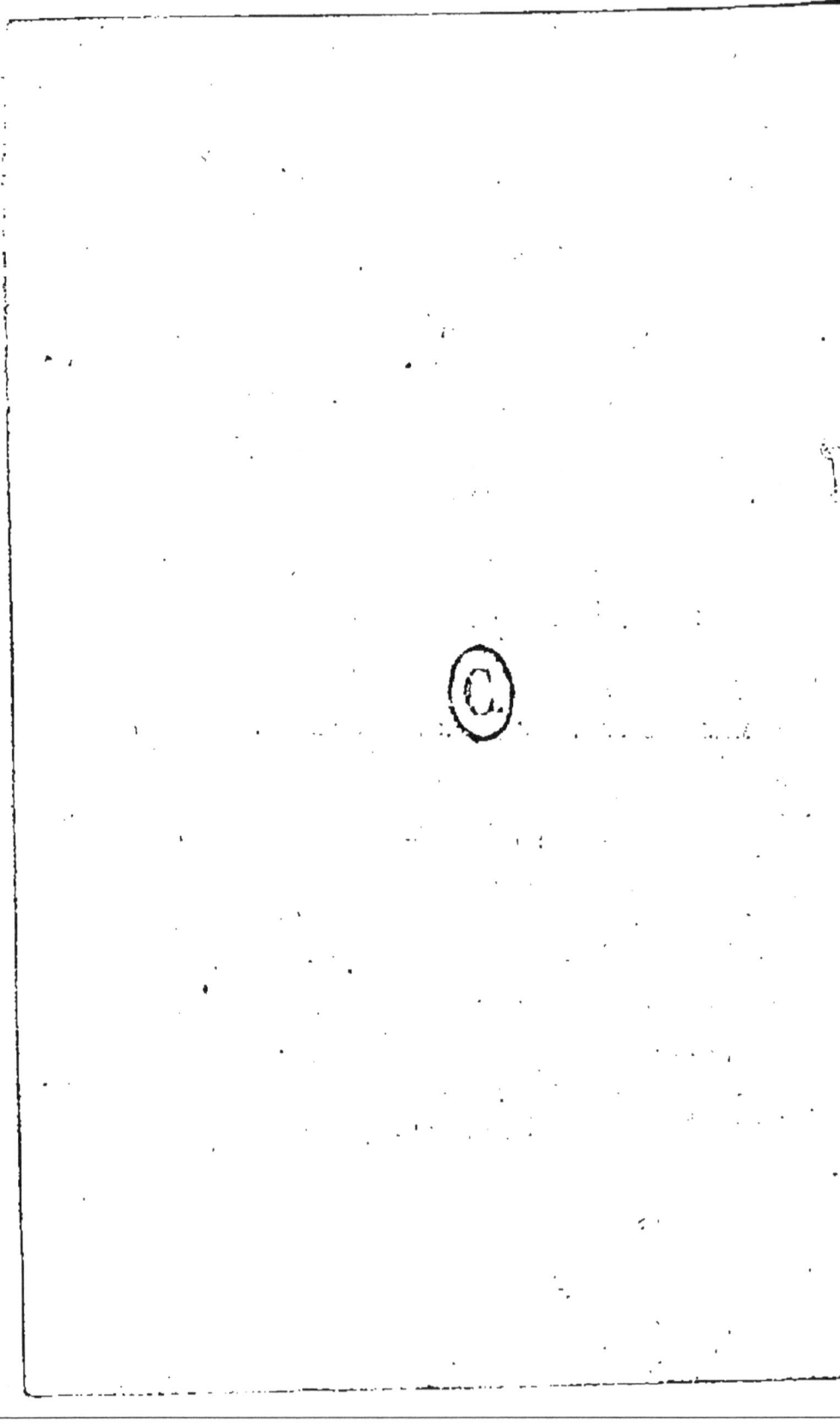

DICTIONNAIRE

DES

COURSES

A

Age. — Les chevaux sont considérés comme prenant leur âge du 1ᵉʳ janvier de l'année de leur naissance. Ainsi, tout cheval né dans le courant d'une année sera censé âgé d'un an au 1ᵉʳ janvier de l'année suivante.

Arrivée. — Le juge, à l'arrivée des chevaux, est choisi parmi les Commissaires des courses ou désigné par eux ; ses décisions sont souveraines.

Si, dans une course en une seule épreuve, deux chevaux arrivent ensemble au but, de telle façon que le juge ne puisse décider lequel a gagné, ces deux chevaux recourent une demi-heure après la dernière course de ce jour. Les autres chevaux sont considérés comme perdants, et prennent leur place comme si la course avait été terminée la première fois.

Dans les courses en partie liée, si le juge ne peut décider quel est le cheval qui a gagné, cette épreuve est nulle, et tous les chevaux peuvent recourir, à moins que les deux arrivés ensemble n'aient chacun gagné une épreuve, auquel cas ils doivent seuls recourir.

Dans les steeple-chases, si deux chevaux arrivent ensemble au but, ils ne seront pas admis à courir de nouveau. Le prix ajouté, s'il y a lieu, à la somme revenant au deuxième cheval, sera partagé entre les chevaux, et tous deux seront à l'avenir passibles de la surcharge imposée au gagnant de la course.

B

Banquette irlandaise. — On appelle

ainsi, dans les steeple-chases, un gros talus en terre avec une plate-forme qui doit être assez large pour que le cheval puisse, en sautant, prendre un point d'appui sur son sommet. — Obstacle dangereux.

Barrière. — Obstacle fixe, à deux barres, d'un mètre de hauteur environ.

Betting-Room. — Salon des courses, espèce de bourse pour les paris. Expression composée de deux mots anglais : *room* (salle, salon) et *betting* (pari).

Le SALON DES COURSES (*Betting-Room*) a son siège au Grand-Hôtel, boulevard des Capucines, à Paris. La cote du *Betting-Room* est le point de départ des opérations. C'est elle qui est la base des proportions à mettre contre chaque cheval suivant ses qualités ou ses performances. Cette cote, qui s'établit la veille des courses, varie presque toujours, et il est rare que les proportions mises sur les chevaux ne subissent pas, le lendemain, des variations dans le *Ring* (enceinte du pesage).

Book (livre). — Carnet sur lequel on inscrit les paris.

Book-Maker (*book*, livre ; *Maker*, faiseur.) Celui qui fait un livre de paris.

Box (boîte, loge, cabinet particulier). — Emplacement clos pour un seul cheval, dans une écurie.

Broken-Down (*Broken*, cassé ; *Down*, en bas). — Quand un cheval revient boiteux d'une course, par suite d'une distension de tendon, on dit vulgairement qu'il est *Broken-Down*.

But. — (Voyez *Poteau d'arrivée*.)

C

Canter (en anglais, galop de chasse). — Galop d'essai que fournit un cheval avant une course, et d'après lequel les amateurs jugent de ses dispositions.

Casaque. — Espèce de chemise en soie de couleurs variées que portent les jockeys et les gentlemen-riders. — (Voir *Couleurs*.)

Catch-Weight. — Poids à volonté. Lorsque le poids que doit porter un cheval n'est pas déterminé, on choisit le jockey le plus léger de l'écurie.

Champ. — L'ensemble des chevaux qui figurent dans une course.

Cheval anglais. — Cheval de pur sang inscrit au *Stud-Book* (voir ce mot), et dont la généalogie est parfaitement tracée.

Cheval claqué. — Celui dont les tendons et les muscles des canons sont partis ou distendus.

Cheval cornard. — Qui respire difficilement, avec bruit; cheval qui a une maladie des voies respiratoires.

Cheval de Course plate. — Se dit généralement du cheval de pur sang; car la course plate a surtout pour but de prouver la vitesse.

Cheval de demi-sang. — Produit d'un cheval de pur sang et d'une poulinière de race ordinaire, ou d'un croisement inverse.

Cheval né et élevé en France. — Celui qui, est resté en France pendant 730 jours consécutifs depuis sa naissance.

Claie. — Obstacle d'une certaine hauteur, formé de branches d'arbres ou d'osier.

Cloche. — A l'heure fixée pour chaque course, la cloche sonne, et si, un quart d'heure après, tous les jockeys ne sont pas prêts, on peut faire partir ceux qui le sont.

Contestations. — Toutes les contestations ou réclamations élevées au sujet des courses sont jugées en dernier ressort par les trois commissaires. Si l'importance ou la difficulté de la question leur paraît l'exiger, les commissaires peuvent en référer au comité des courses.

Aucune contestation à laquelle les courses donneraient lieu ne peut être portée devant les tribunaux.

Corde. — La piste d'un hippodrome est généralement délimitée par deux ellipses de cordes parallèles, qui s'appuient sur des piquets servant de barrière.

Les chevaux courent en obliquant toujours à droite par rapport à la plus petite ellipse. Le cheval qui est le plus près de la corde, à main droite, a donc l'avantage sur ses adversaires, puisqu'il a moins de chemin à parcourir.

Le jockey qui amène le numéro un, dans le tirage au sort, s'empare de cette place ; on dit alors qu'*il a la corde*. On dit qu'un cheval *prend la corde*, lorsqu'il s'empare de cette place en dépassant le cheval qui l'avait avant lui.

Comité des Courses. — Dans chaque ville où les Courses sont instituées, il existe un comité des courses. Tout ce qui concerne les courses de la Société est réglé par les décisions du comité.

Commissaires. — Chaque année, le comité nomme, parmi les membres qui le composent, trois commissaires des courses. Ces nominations se font au scrutin secret et à la simple majorité. Le choix des Commissaires est soumis à l'approbation du grand écuyer.

Les commissaires établissent pour les courses les mesures d'ordre et de police qu'ils croient utiles. Ils prennent les dispositions qui leur paraissent convenables pour le terrain, le pesage, les juges du départ et de l'arrivée, les hommes de service, et tout ce qui concerne les courses en général.

Couleurs. — Chaque écurie de courses a ses couleurs : c'est-à-dire une casaque et une toque de nuances différentes, afin que l'on puisse aisément les distinguer.

Nul ne peut prendre ni donner à ses jockeys les couleurs adoptées antérieurement par un autre propriétaire, à moins que ce propriétaire n'ait complétement cessé de faire courir en France depuis plus de cinq ans.

Tout propriétaire engageant, pour la première fois, un cheval dans les courses de la Société, est tenu d'indiquer ses couleurs dans sa lettre d'engagement, sous peine de vingt francs d'amende. Tout changement de couleurs non indiqué à l'époque de l'engagement encourt la même pénalité.

Plusieurs chevaux appartenant au même propriétaire ou à la même association de propriétaires ne peuvent courir dans la même course que sous le même nom et les mêmes couleurs.

Course. — Épreuve de la vitesse relative de deux ou plusieurs chevaux. Il y a les courses plates et les courses d'obstacles.

La course plate a pour but de démontrer la vitesse; elle est généralement destinée aux chevaux de pur sang.

La course d'obstacles ou steeple-chase se court sur un terrain hérissé de difficultés : haies, rivières, murailles, fossés, talus, etc. On voit souvent figurer dans ces épreuves le demi-sang ou les trois quarts à côté du pur sang.

La distance à parcourir varie suivant l'âge des chevaux et suivant l'importance des prix qui doivent être courus.

Criterium. — Épreuve d'essai, dans laquelle on cherche une indication pour l'avenir. Sous ce nom, on a donné des prix aux poulains et pouliches de deux ans.

D

Deat-Heat. — Épreuve nulle, — mot à mot : épreuve *morte;* — quand deux chevaux arrivent tête à tête ou que les jockeys sont botte à botte.

Defaulter (délinquant). — Celui qui ne paie pas ses paris, ou qui commet une fraude.

Départ. — La place des chevaux est tirée au sort pour chaque course. Avant le départ, les chevaux arrivent au pas et de front, en occupant la place donnée par le sort.

Si les chevaux partent sur un signal donné par le juge, le départ est bon ; si le drapeau du juge n'a pas été abaissé, c'est un faux départ.

Quand la personne nommée pour donner le départ a appelé les jockeys pour prendre leurs places, les propriétaires des chevaux qui se présentent au poteau doivent, dès lors, leurs mises entières, et les paris sur ces chevaux sont considérés comme des paris *courir ou payer*.

La personne nommée pour faire partir les chevaux peut faire ranger les jockeys en ligne aussi loin derrière le point de départ qu'elle le juge convenable.

Derby. — C'est le prix célèbre qui se court chaque année, au printemps, sur l'hippodrome d'Epsom, en Angleterre. Il est pour poulains de trois ans. — Par extension, on appelle Derby français, Derby du Midi, Derby de l'Ouest, etc., des prix analogues fondés en France, et qui se disputent chaque année à Chantilly, à Bordeaux, à Angers et ailleurs.

Dérober (se). — Un cheval se dérobe lorsque, dans une course, il quitte, malgré son cavalier, la piste ou tout autre itinéraire obligé pour se jeter à travers champs.

Disqualifier. — Un cheval est disqualifié, c'est-à-dire frappé d'incapacité, quand il ne répond pas aux exigences du programme, ou bien lorsque son propriétaire ou son jockey commet une infraction au règlement des courses.

Distancer. — Dans le sens ordinaire du mot, on dit qu'un cheval est distancé lorsqu'il ne peut suivre le train et qu'il reste en arrière à une assez grande distance des autres chevaux. Un cheval est aussi distancé, lorsqu'il se dérobe et ne reprend pas la piste à l'endroit où il en est sorti; lorsqu'il n'a pas porté le poids fixé par les conditions de la course, ou qu'il a couru sous une fausse désignation; lorsque son jockey a croisé ou coudoyé en courant un autre jockey, ou lorsqu'il n'est pas resté en selle jusqu'à l'endroit où il a été pesé, etc., etc.

E

Écharpe. — Quand un propriétaire a deux chevaux engagés dans la même course, il donne ordinairement à un de ses jockeys une *écharpe*, c'est-à-dire un large ruban de la couleur de la casaque, passé en sautoir. Quelquefois, le premier conserve la toque de l'écurie, et le deuxième prend une toque d'une autre couleur.

Éleveur. — Le propriétaire ou le fermier d'une terre, qui s'occupe de la production du cheval.

Enceinte du pesage. — C'est là que sont pesés les jockeys, et que se font tous les préparatifs de la course. L'enceinte du pesage est réservée aux personnes munies d'une carte spéciale (propriétaires des chevaux engagés, entraineurs, jockeys, etc).

Engagements. — Toute personne engageant un cheval pour les courses d'une Société hippique est réputée connaître parfaitement le règlement de cette Société ; elle se soumettra sans réserve à toutes ses dispositions et à toutes les conséquences qu'elles peuvent avoir.

Les commissaires reçoivent et font enregistrer les engagements qui leur sont adressés par les propriétaires de chevaux de courses. Ils décident de la validité des engagements et de la qualification des chevaux.

En engageant les chevaux, on enverra les certificats constatant leur origine; il suffira de désigner par leur nom les chevaux qui ont déjà couru pour les prix de la Société.

Tout engagement qui n'est pas accompagné du montant de l'entrée ou du forfait exigé, peut être refusé.

Entrainement. — C'est la préparation que l'on donne au cheval destiné à la course. L'entraînement a pour but de développer, par la nourriture et l'exercice, les moyens du cheval, afin d'obtenir de lui toute la vitesse qu'il peut donner.

Entrainer. — Dresser, préparer un cheval pour la course, à l'aide de l'hygiène et d'exercices spéciaux.

Entraineur. — Celui qui fait l'éducation du cheval de course. Le talent de l'entraîneur est d'amener son cheval parfaitement prêt à un jour de course déterminé. Les meilleurs entraîneurs viennent d'Angleterre.

Entrées. — Somme d'argent que paie le propriétaire du cheval admis à disputer un prix.

Les entrées sont réunies au prix, à moins de condition contraire.

Aucun cheval ne peut partir dans une course si toutes les entrées dues, pour cette course, par la personne qui l'a engagé, ne sont pas payées.

Épreuves. — Une épreuve est une distance courue, soit un tour d'hippodrome, soit un tour et demi, deux ou plusieurs tours. On dit qu'un cheval a gagné une épreuve, lorsqu'il est arrivé premier.

Dans les courses en partie liée, le cheval qui est vainqueur deux fois sur trois épreuves gagne le prix. Si dans chacune des trois épreuves c'est un cheval différent qui obtient l'avantage, les trois vainqueurs sont seuls aptes à courir la quatrième épreuve, qui est la dernière.

Lorsque les épreuves sont en partie liée, il y a un poteau placé à cent mètres en avant du but. Les chevaux qui n'ont point dépassé ce poteau lorsque le premier cheval dépasse le but, sont *distancés* (voir ce mot) et ne peuvent plus courir les épreuves suivantes.

F

Favori. — Le cheval le mieux coté dans une course est le favori ; il est considéré comme le meilleur et comme ayant le plus de chances de gagner.

Forfait. — Somme d'argent qu'est obligé de payer, à titre d'indemnité, le propriétaire d'un cheval, lorsqu'il retire son cheval d'une course pour laquelle il l'avait engagé. Déclarer forfait pour tel cheval, c'est annoncer qu'on rompt l'engagement fait précédemment. Le forfait se paie souvent par suite d'un événement tout à fait indépendant de la volonté du contractant.

Foulées. — Terrain couvert par un cheval en galopant. Bonds que fait un cheval. On dit qu'un cheval a pris l'avantage sur son adversaire dans les dernières foulées, c'est-à-dire dans les derniers bonds qu'il avait à faire pour toucher le but.

G

Gagné. — Pour qu'un cheval ait effectivement gagné un prix ou une poule, il faut qu'il ait rempli toutes les conditions de la course, quand même aucun concurrent ne se serait présenté. Dans ce dernier cas, il est passible à l'avenir des surcharges imposées au gagnant de ce prix.

Un cheval qui n'a jamais gagné est celui qui n'a gagné ni course publique, ni handicap.

Lorsque les chevaux n'ayant jamais gagné, ou n'ayant pas gagné certaines courses, peuvent seuls être admis dans une course, il suffit, pour qu'ils soient qualifiés, qu'ils n'aient pas gagné avant le terme fixé par l'engagement.

Gentlemen-riders. — Sont seuls admis

à monter comme *Gentlemen-riders*, les membres du cercle des courses, les officiers en activité de service de l'armée française et des armées étrangères; les officiers des Haras; enfin toute personne acceptée par le Comité statuant au scrutin secret.

La demande de cette acceptation devra être adressée aux Commissaires, quinze jours au moins avant la course, sauf les cas d'urgence dont le Comité sera juge; mais il ne pourra être réuni à cet effet que par les Commissaires s'ils le trouvent opportun.

H

Hack. — (*Hack*, cheval de service). — Se dit par opposition à cheval de course. *Poule de hacks*, course de chevaux qui sont censés n'être pas exclusivement destinés à courir sur les hippodromes.

Handicap. — (*Hand in cap*, main dans le chapeau.) — Mot d'origine irlandaise, qui est devenu, sur le turf, la désignation d'un genre de course fort intéressant. Tous les chevaux sont admis à y prendre part moyennant un poids qui leur est assigné par les Commissaires des courses, de façon à égaliser le plus possible les chances entre les différents chevaux.

Dès que l'engagement est fait, le propriétaire du cheval est tenu d'accepter le poids fixé, ou, s'il se retire, de payer forfait.

Ce genre de course a été imaginé afin de laisser, même au propriétaire de chevaux médiocres, la chance de gagner un prix ; car, dans un handicap bien fait, le meilleur cheval n'a pas plus de chances que le plus mauvais.

Dans un handicap, les chevaux en réputation sont souvent battus, parce qu'ils portent de grands poids. Il y a des personnes qui font courir de bons chevaux deux ou trois fois et les font battre, afin d'obtenir des poids légers dans un handicap et de gagner par surprise.

Handicapeur. — C'est la personne chargée de faire un handicap, c'est-à-dire de répartir les poids entre tous les chevaux engagés, suivant l'âge et la performance de chaque cheval.

Hunter (chasseur). — Cheval de chasse qui est toujours de demi-sang. L'Irlande fournit de magnifiques *hunters*.

J

Jeu (*faire le*). — Quand une écurie fait partir deux chevaux, l'un est toujours destiné à faire le jeu pour l'autre ; c'est généralement le moins bon que le propriétaire sacrifie à ce rôle désavantageux. Le cheval qui fait le jeu prend la tête dans une course.

L

Longueur. — C'est une longueur de cheval prise pour unité et servant à déterminer la différence qui existe entre les chevaux à l'arrivée.

Lower-weight (*weight*, poids ; *lower*, comparatif de *low*, bas, petit, inférieur). — Le *lower-weight* est l'opposé du *top-weight*. — (Voir ce mot.)

M

Mail-coach (Malle-poste). — Grandes voitures de chasse qui figurent à toutes les courses ; elles sont traînées, ou par quatre chevaux de poste ou par quatre chevaux conduits à grandes guides. On met dans l'intérieur de la voiture les domestiques et les provisions, et les maîtres montent sur les sièges placés sur la caisse du *Mail-coach*.

Match (tenir tête à...; se mesurer avec...) — Pari spécial entre deux chevaux supposés de même force ou dont on a égalisé les chances par le poids.

Money-Horse (*Horse*, cheval ; *Money*, argent). — Le cheval sur lequel son propriétaire engage tout son argent.

O

Omnium. — Course pour tous chevaux

de trois ans et au-dessus. Le plus souvent, c'est un handicap.

Outsider (*outside*, en dehors). — Cheval qui est en dehors de la cote des paris, parce qu'on ne lui croit aucune chance de gagner.

P

Pari. — Somme d'argent engagée sur les éventualités d'une course.

A moins de stipulation contraire, tous les paris sont considérés comme *courir* ou *payer*, c'est-à-dire que les chevaux sur lesquels on a fait des paris sont censés devoir toujours partir dans les courses où ils sont engagés.

C'est sur cette loi fondamentale que reposent tous les paris, et c'est ce qui permet aux parieurs d'établir à l'avance leurs calculs, et, pour me servir de l'expression consacrée, de faire leurs livres.

Le meilleur mode d'inscription des paris sur les livres nous paraît être le suivant, recommandé par le Comité du *Salon des Courses* :

Inscrire dans la première colonne la somme qu'on engage ; dans la deuxième, la somme qu'on peut gagner ; dans la troisième, le nom du cheval précédé d'un P ou d'un C, suivant qu'on parie *pour* ou *contre* le cheval, et dans la quatrième, le nom de la personne avec laquelle est engagé le pari.

En France, on se borne généralement aux paris de proportions ; l'on prend ou l'on donne :

Un cheval contre le *champ*, c'est-à-dire contre tous ses concurrents réunis ;

Deux chevaux couples, trois chevaux ou une écurie contre le *champ*;

Un cheval contre un autre cheval, etc.

Les combinaisons de tous les paris reposent sur le calcul des proportions.

Performance. — C'est la manifestation de la forme publique d'un cheval, d'après laquelle on juge de son mérite.

Forme. — État momentané dans lequel se trouve un cheval. La forme d'un cheval croît ou décroît, baisse ou grandit ; il est fort rare qu'un cheval reste longtemps dans la même forme.

Pesage (¹). — Les commissaires ou leurs délégués peuvent faire peser les jockeys devant eux avant la course, afin de s'assurer du poids qu'ils portent ; mais ils ne sont pas responsables des erreurs commises à ce pesage ; les propriétaires et entraîneurs sont seuls responsables du poids que portent leurs chevaux.

Après la course, ils peuvent faire peser tous les jockeys. Ceux-ci doivent rester à cheval jusqu'à l'endroit où ils sont pesés ; s'ils descendent avant d'y arriver, les chevaux qu'ils montent sont distancés.

Si un jockey est, par suite d'un accident, hors d'état de retourner à cheval jusqu'aux balances, il peut, — mais dans ce cas seulement, — y être conduit ou porté.

(¹) C'est l'opération qui consiste à peser les jockeys, dans une balance, avec la selle et la bride des chevaux qu'ils doivent monter.

Si un jockey tombe, et que son cheval soit monté et amené au but par une personne dont le poids soit suffisant, le cheval prend sa place comme si l'accident n'avait pas eu lieu, pourvu qu'il soit reparti de l'endroit où le jockey est tombé.

Tout cheval n'ayant pas porté le poids fixé par les conditions de la course est distancé. On peut peser tout ce que porte le cheval, excepté les fers.

Toute réclamation sur la manière dont un jockey a monté doit être faite avant la fin du pesage ; elle doit être adressée par le propriétaire réclamant, par l'entraîneur ou par son jockey, aux Commissaires, aux juges de la course, ou à la personne chargée de peser les jockeys.

Piste. — Le terrain compris entre deux ellipses de cordes parallèles, et sur lequel courent les chevaux.

Placer les chevaux. — C'est indiquer l'ordre dans lequel ils arrivent au but. Les chevaux qui arrivent second et troisième dans une course sont *placés*, si la distance qui les sépare du gagnant n'est que de quelques longueurs. Dans le cas contraire, ils ne le sont pas.

Play or pay. (*Play*, jouer; *or*, ou; *pay*, payer). — Les paris convenus avec cette clause, — c'est-à-dire *courir ou payer*, — doivent être payés, quand bien même les chevaux qui font l'objet de ces paris ne seraient pas partis dans les courses où ils étaient engagés.

Poids. — Suivant l'âge et la performance des poulains et pouliches qui courent, on leur donne à porter un certain poids. Les pouliches et juments portent un kilogramme et demi de moins que le poids indiqué pour les poulains et pour les chevaux.

Il y a trois catégories de poids : le poids selon l'âge *(Weight for age)*, le poids égal et le poids par handicap (voir ce mot) ou poids selon l'appréciation de la vitesse et la force des chevaux engagés.

Les poids sont déterminés avant chaque course pour tous les concurrents, et après chaque course pour les vainqueurs.

Ces poids sont ordinairement des feuilles de plomb, que les jockeys mettent dans des poches en cuir.

Poteau d'arrivée. — En face de la tribune du juge, se trouve un poteau surmonté d'un disque. C'est le *poteau d'arrivée, poteau gagnant* ou *but*. Il est divisé en deux, de bas en haut, par une ligne noire qui sert de point de mire au juge pour reconnaître et désigner le gagnant.

Poteau de distance. — (Voy. *Distancer*.)

Poule. — La poule est une véritable loterie, un jeu de hasard. C'est un jeu intime, qui se fait entre amis et connaissances, et donne plus d'intérêt à telle ou telle course. On se réunit avant la course, et l'on fait autant de billets numérotés qu'il y a de chevaux engagés.

Chacun dépose l'enjeu convenu, et l'on tire au sort. Celui que la chance favorise du numéro correspondant au cheval vainqueur gagne la totalité des enjeux (1), c'est-à-dire le produit de la mise multipliée par le nombre de chevaux inscrits.

Pouleurs. — On désigne ainsi les personnes qui participent aux poules.

Poule d'essai. — Correspond à ce que les Anglais nomment *Trial-stake* (*Stake*, enjeu; *trial*, essai). C'est une poule formée de

---

(1) On fait des *Poules au Programme*, c'est-à-dire avec autant de numéros qu'il y a de chevaux indiqués sur le programme dans telle ou telle course; dans ce cas, les pouleurs sont exposés à ce que leur cheval ne coure pas. On fait aussi des *Poules au Tableau*, c'est-à-dire rien qu'avec les numéros des chevaux affichés au tableau; dans ce cas, les pouleurs sont assurés d'avoir un cheval partant. Dans ces deux cas, le gain est proportionné au risque.

Dans les courses en partie liée, la poule revient au gagnant définitif, c'est-à-dire au numéro correspondant au cheval affiché à la dernière épreuve.

sommes déposées d'avance, véritables enjeux entre les propriétaires qui consentent à faire courir ensemble leurs chevaux. Le vainqueur gagne la totalité des sommes versées.

En France, il existe, depuis 1840, sous le nom de *Poule d'Essai*, un prix dont le fonds se compose d'abord d'une certaine somme que viennent augmenter les poules faites par les coureurs.

Poule des Produits. — La Poule des Produits ne diffère de la Poule d'Essai que par la nature des engagements; ceux de la Poule des Produits sont plus précoces et doivent être faits avant la naissance des chevaux, c'est-à-dire qu'on inscrit les mères lorsqu'elles viennent d'être saillies, et ce sont les produits de ces mères qui doivent courir ensemble. Ce prix est toujours l'occasion de grandes espérances et de déceptions souvent plus grandes encore. Sa fondation remonte à 1841.

Prix à réclamer. — Course dans laquelle le gagnant peut être *réclamé* pour une certaine somme fixée d'avance par le propriétaire dans son engagement. La *réclamation* doit être faite par lettre cachetée, avec l'offre d'un prix qui ne peut être inférieur à celui demandé par le propriétaire du cheval.

Ces plis cachetés sont ouverts par les Commissaires à l'expiration du quart d'heure qui suit la course, et le cheval réclamé appartient à la personne qui a fait l'offre la plus élevée. Le propriétaire du gagnant n'a droit qu'à la somme pour laquelle il avait mis son cheval *à réclamer*, et l'excédant, s'il y en a, reste au fonds de Course.

R

Réclamations. — (Voir *Contestations*.)
Ring. — (Voyez *Enceinte du pesage*.)

S

Saint-Léger. — Après le Derby, le Saint-Léger est la course la plus célèbre en Angleterre; elle est ainsi nommée parce qu'elle fut instituée en 1776, par le colonel Saint-Léger.

Nous avons en France, depuis 1840, un prix qui porte ce nom. C'est sur l'hippodrome de Moulins, royalement doté par la Société d'Encouragement, qu'est couru, chaque année, depuis 1851, le *Grand-Saint-Léger de France*.

Le forfait dans le *Grand-Saint-Léger de France*, doit être déclaré le 1ᵉʳ Juillet avant quatre heures du soir, chez M. le Secrétaire du Jockey-Club.

Salon des courses. — (voir *Betting-Room*).

Selling-race (*race*, course, prix de course; *to sell*, vendre.) — (Voyez *Prix à réclamer*).

Sport. — Mot passé de l'anglais dans notre langue, et qui embrasse tous les jeux ou exercices dans lesquels l'homme peut trouver, en même temps qu'un amusement, une application de son courage, de sa force, de son adresse, etc.

Sportsman. — Tout homme qui, théoriquement et pratiquement, s'occupe des différentes branches du sport; dont la plus grande occupation est de monter à cheval, de suivre les chasses, de faire courir ou de courir lui-même dans les steeple-chases, etc.

S'ake (enjeu). — Voyez *poule d'essai*.

Starter (*to start*, faire partir). — Nom de la personne qui donne les départs. Le starter tient à la main un petit drapeau; tant que ce drapeau n'a pas touché la terre, le départ n'est pas donné.

Steeple-chase (*steeple*, clocher; *chase*, poursuite, course). — Course au clocher, course d'obstacles. Le radical *steep* signifie, en effet, escarpé, rude, raide, pente rapide, côte à pic, précipice.

Stewards (commissaires). — Commissaires chargés des diverses attributions relatives aux réunions de courses. — (Voyez *Commissaires*).

Stud-book (*book*, livre; *stud*, haras). — Registre où se trouve consignée la généalogie des chevaux de pur sang.

Surcharges. — Poids attribués aux chevaux ayant gagné des prix d'une certaine valeur.

Les surcharges ne peuvent être accumulées. Les chevaux auxquels elles sont imposées ne doivent porter que la surcharge la plus forte.

T

Tableau. — Aussitôt qu'un jockey est pesé, le numéro correspondant au cheval qu'il doit monter est affiché à un tableau placé en face des tribunes.

Thorough-bred-Horse. — Correspond en Angleterre à notre expression cheval de pur sang, de race.

Top-Weight (*Weight*, poids ; *top*, premier, principal). — Un cheval a le *top-weight*, dans une course, lorsqu'il porte le poids le plus élevé. Le *top-weight* est l'opposé du *lower-weight*. — (Voir ce mot.)

Toque. — Casquette des jockeys et des gentlemen-riders. (Voyez *couleurs*).

Tribune. — Toute estrade construite sur

un hippodrome et d'où l'on peut suivre les courses.

Turf (Gazon, pelouse). — Désigne généralement tout le terrain consacré aux courses de chevaux, et qui est presque toujours une vaste pelouse.

Turfiste. — Qui fréquente assidûment le turf; amateur de courses de chevaux.

Y

Yearling (animal âgé d'un an). — Poulain ou pouliche d'un an.

Bordeaux. — Imprimerie Aug. Lavertujon, rue Gouvion, 7.

LE BORDELAIS

Journal illustré paraissant le Dimanche

Littérature.--Beaux-Arts.--Musique--Théâtres.--Villégiature.-Courses.
Chasses. -- Sport nautique.
Stations balnéaires.--Agriculture.--Commerce:--Industrie.

Charles LALLEMAND,
Directeur-gérant.

Charles de LORBAC,
Rédacteur en chef.

Abonnements pour Bordeaux :

Un An. . . . . 15 fr.   Six Mois. . . . . 8 fr.
25 cent. le numéro.

Abonnements pour les Départements :

Un An. . . . . . . 16 fr.

Bureaux : 107, rue Fondaudège, à Bordeaux.

LA GIRONDE VINICOLE

TEXTE PAR	DESSINS DE
M. Charles de LORBAC	**M. Charles LALLEMAND**

Édition de grand luxe. -- Un vol. in-4° Jésus.

Parties parues du volume de la *GIRONDE :*

Les crus classés du Médoc. . . . . 25 fr.
Saint-Émilion 8
Le Fronsadais. . . . 8
Les vins de Graves. . 8

Les parties parues se trouvent chez l'éditeur **HETZEL** et les principaux libraires de Bordeaux.

Pour la rédaction et les renseignements relatifs aux parties qui sont en œuvre, s'adresser rue Fondaudège, 107, chez les auteurs de l'ouvrage.

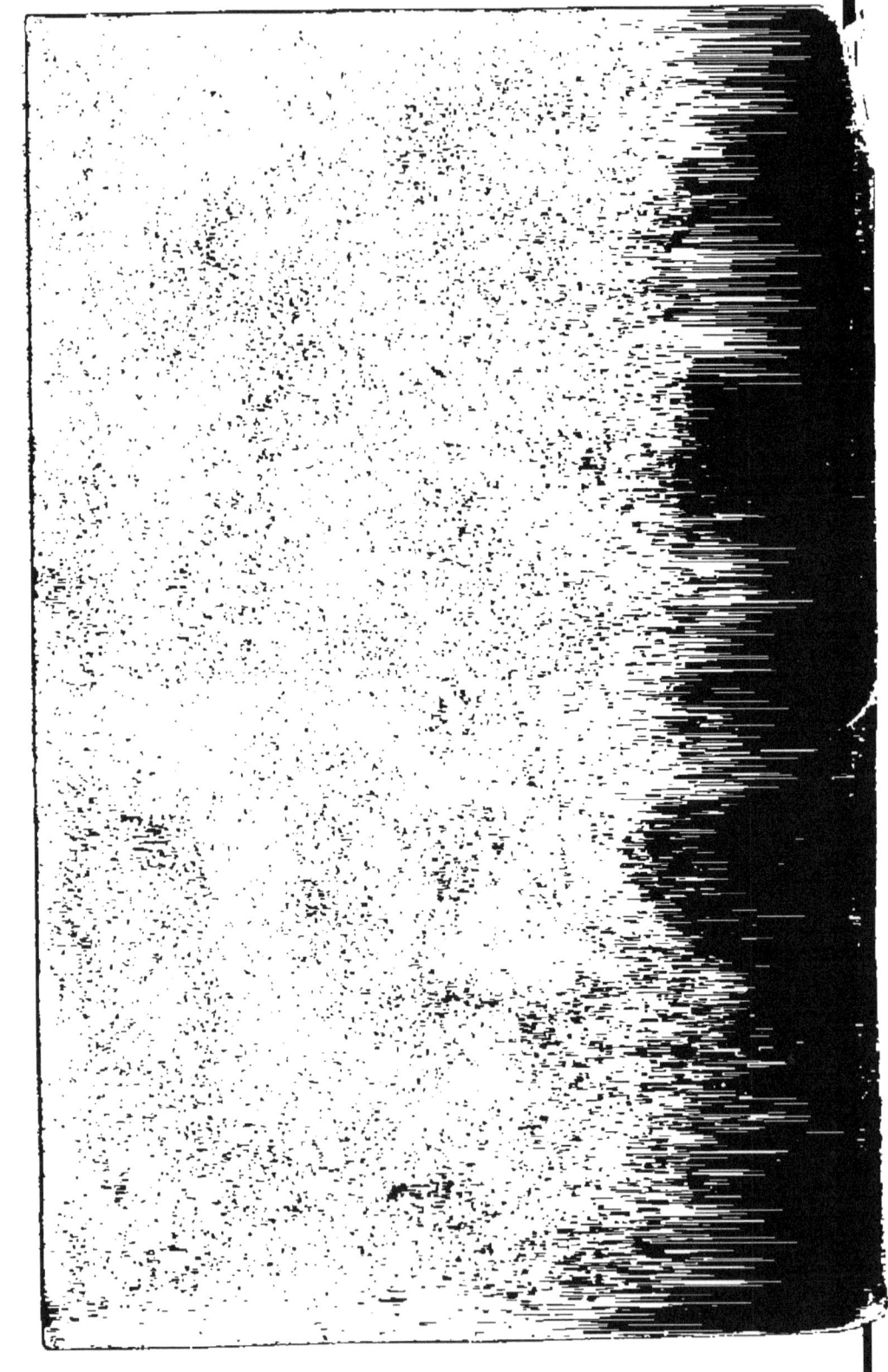

www.ingramcontent.com/pod-product-compliance
Lightning Source LLC
Chambersburg PA
CBHW060500050426
42451CB00009B/741